Inhalt

Prozesskostenrechnung – die Antwort des Controllers auf den gestiegenen Gemeinkostenanteil

Kernthesen

Beitrag

Fallbeispiele

Weiterführende Literatur

Impressum

Prozesskostenrechnung - die Antwort des Controllers auf den gestiegenen Gemeinkostenanteil

M. Westphal

Kernthesen

- Der Gemeinkostenanteil an den Gesamtkosten nimmt dramatisch zu, weshalb die Zuschlagskalkulation nicht mehr zielführend ist.
- Die Prozesskostenrechnung ermöglicht eine transparente Leistungsverrechnung des Gemeinkostenbereichs.
- Die Einführung einer

> Prozesskostenrechnung ist aufwändig und bedarf sorgfältiger Planung.
> - Auch die Prozesskostenrechnung ist kein Allheilmittel.

Beitrag

Der Gemeinkostenanteil an den Gesamtkosten nimmt dramatisch zu, weshalb die Zuschlagskalkulation nicht mehr zielführend ist

Die Anwendung der traditionellen Kostenrechnung in den heutigen komplexen Wertschöpfungsketten ist sehr fragwürdig, da sie auf den technisierbaren Vorgängen der Fertigung aufbaut. Die Effizienz der Fertigungsressourcen oder Beurteilung relevanter Mengengerüste durch Fertigungsplanung und Fertigungsnachkalkulation steht dabei im Vordergrund. (1)
Aufgrund des inzwischen extrem hohen Anteils der Gemeinkosten an den Gesamtkosten, werden die traditionellen Zuschlagskalkulationen mit Herstellkosten plus Gemeinkostenzuschlag diesem

Sachverhalt nicht mehr gerecht. (1)
Dieser hohe Gemeinkostenanteil an der Wertschöpfung lässt auch die Systeme der Teilkostenrechnung an Aussagekraft verlieren. Die Prozesskostenrechung versucht durch eine veränderte Schlüsselung der Gemeinkosten eine verbesserte Transparenz des Ressourcenverbrauchs zu erreichen und ist zumeist als Vollkostenrechnung ausgestaltet. (2)
Die Prozesskostenrechnung liefert dabei längst ein Instrument, welches den Managern eine frühzeitige Beschäftigung mit den Leistungen und Mengengerüsten in ihrem Umfeld ermöglicht und damit auch eine bessere Steuerung und Kontrolle des Ressourcenverbrauchs und der Leistungsbeurteilung. Eine starke Detaillierung hinsichtlich Kostenstellen und arten führt häufig dazu, dass für eine inhaltliche Durchdringung des Gemeinkostenbudgets kaum Zeit besteht. (3)

So wird z. B. der entscheidende Erfolgsfaktor vieler Unternehmer, nämlich das wertvolle Problem-Lösungs-Knowhow als undifferenzierter Anhang der Herstellkosten betrachtet. (1)
Bei vielen Unternehmen induziert die Nachfrageentwicklung eine steigende Zahl an Produktvarianten. Neben zusätzlichen Herausforderungen in Produktion und Logistik, sehen sich die Unternehmen auch einem verstärkten

Preiswettbewerb gegenüber im Bereich der bisherigen Standardgüter.
Werden Produkte mit Hilfe einer Zuschlagskalkulation auf die Materialpreise bepreist, ohne Berücksichtigung der prozessspezifischen Kosten, führt dieses zu einer Subventionierung der Sonderprodukte durch die Standardprodukte. Der Anteil der Kosten, die die Produktions-, Lagerungs-, und Verwaltungsprozesse verursachen, sind bei kleinen Serien wie sie durch Variantenvielfalt entstehen, deutlich größer als bei Standardprodukten. (4)
Das kann dazu führen, dass schlaue Kunden ein so kalkulierendes Unternehmen mit Sonderproblemen bzw. Sonderlösungen beauftragen, da diese im Vergleich zu Standardlösungen günstiger bepreist werden. So ist auch das Leistungsprogramm des Unternehmens durch diese falsche Kalkulation beeinflusst und falsch zusammengesetzt. (1)

Prozessbetrachtungen haben für den deutschen Mittelstand eine besondere Bedeutung. Aufgrund der hohen Lohnkosten bestehen die Wettbewerbsvorteile gegenüber dem Ausland primär in besserer Leistungsfähigkeit und effizienterem Kapitaleinsatz bei Anlage- und Umlaufvermögen. Dieses bedingt eine Analyse der Kompetenzen und Anforderungen innerhalb der Wertschöpfungskette. (4)
Wenn man diese Sicht noch auf

unternehmensübergreifende Supply Chain Prozesse ausweitet, bildet eine unternehmensübergreifende Prozesskostenrechnung ein Instrument, welches Gemeinkosten nicht auf Basis der Material- und Herstellkosten, sondern aufgrund der zur Leistungserstellung erforderlichen Prozesse, verrechnet. (4)
Bei rein unternehmensinterner Betrachtung leistet die Prozesskostenrechnung die verursachungsgerechte Zuordnung der Kosten und gibt Anhaltspunkte für die Prozessgestaltung. (4)
Die Prozesskostenrechnung macht die Auswirkungen erhöhter Variantenvielfalt, kleiner Aufträge oder Kunden mit zahlreichen Sonderwünschen bewusst. (4)

Die Logistik als indirekter Leistungsbereich ist über viele Jahre hinweg weitgehend vernachlässigt worden durch die klassische Kostenrechnung. Gerade die logistischen Prozesse können durch die Einführung der Prozesskostenrechnung besser als zuvor erfasst, strukturiert und kalkuliert werden. (2)
Außerdem erfüllen logistische Prozesse viele Einsatzvoraussetzungen der Prozesskostenrechnung, denn sie sind relativ klar strukturiert und repetitiv und der Entscheidungsspielraum bei der Ausführung der Tätigkeiten ist gering. (2)

Die Prozesskostenrechnung ermöglicht eine transparente Leistungsverrechnung des Gemeinkostenbereichs

Die Leistungserbringung in einem Unternehmen erfolgt in funktionsübergreifenden Prozessen. Die Optimierung der Unternehmensleistung geschieht durch eine konsequente Ausrichtung an den Geschäftsprozessen. (1)
Zum Aufzeigen und Realisieren von Verbesserungspotenzial müssen die Prozesse identifiziert, gemessen und hinsichtlich ihres Wertschöpfungspotenzials optimiert werden.
Die Wertschöpfungskette wird durch die einzelnen Aktivitäten des Prozesses geformt. Die Planung und Kontrolle der Leistungsfähigkeit des Prozesses ist aber nur mittels definierter und implementierter Messgrößen möglich. Diese internen Messgrößen werden häufig auch als Key Performance Indicators (KPI) bezeichnet. (1)

Durch die Prozesskostenrechnung wird der Weg, die Leistungsverrechnung auch auf den Gemeinkostenbereich zu übertragen, geebnet. Kostenelemente aus dem Gemeinkostenbereich können verursachungsgerecht den wertschöpfenden

Aktivitäten zugeordnet werden.
So können Fragen wie
- Was kostet die Bearbeitung eines Kundenauftrags?
- Wovon sind die Kosten der internen Logistik abhängig?
- Was kostet eine Materialdisposition und/oder Bestellung?
- Was kostet die Eröffnung eines Spar- oder Girokontos?
beantwortet werden. (1)
Ebenso können spezielle Fragestellungen im Bereich der IT thematisiert werden wie:
- Was kostet den Anwender der Ausdruck eines Buchungsjournals?
- Wie lassen sich die Aufwendungen für einen SAP-Arbeitsplatz aufschlüsseln? (5)

Schon die im Rahmen der Implementierung einer Prozesskostenrechnung vorgenommene Tätigkeitsanalyse hilft bei der Identifizierung von unwirtschaftlichen Prozessen sowie bei deren Umorganisation. (6)
Die Geschäftsprozesse werden genau analysiert wodurch Probleme frühzeitig erkannt werden. Die prozessorientierte Kostenrechnung macht alle Teilprozesse transparent und liefert damit die Voraussetzungen zur Optimierung des Gesamtprozesses. (1)
So ermöglicht die Prozesskostenrechnung auch eine

Unterscheidung in kurzfristig, mittelfristig und langfristig abbaubare Gemeinkosten. Damit wird die erforderliche Transparenz geschaffen, um Gemeinkosten gezielter abbauen zu können bzw. ihrem Entstehen frühzeitig entgegenwirken zu können.

Dieses Instrument liefert auch im Rahmen von Outsourcing-Entscheidungen wertvolle Anhaltspunkte für Kostenvergleiche. (6)

Im Rahmen der Entscheidung um die Rekonfiguration der Prozesse muss berücksichtigt werden, dass die Kernprozesse häufig noch zu hoch aggregiert sind.

Hat man sich aber für eine Rekonfiguration entschlossen, sollten die neuen Prozesse zunächst in Pilotprojekten getestet werden, um Erfahrungen bei der Umsetzung zu sammeln und auch die modellmäßig errechneten Kostensenkungspotenziale zu evaluieren. (2)

Die Einführung einer Prozesskostenrechnung ist aufwändig und bedarf sorgfältiger Planung

Im Rahmen eines Prozesskostenrechnungssystems

bestehen folgende Anforderungen an die Prozessmessgrößen:
Sie müssen
- die Prozessperformance widerspiegeln / Indikator für Prozessleistung sein
- den Prozess darstellen und möglichst Kundenbezug haben
- Prozesssteuerung erlauben / Steuerungsinstrument für Prozess Owner
- eindeutig definiert und vereinbart sein
- Aussage über Prozessstabilität erlauben
- Verknüpfung mit Customer Satisfaction Indicators zulassen
- einfach und automatisch aus den EDV-Systemen ermittelbar sein, ohne Manipulationsmöglichkeiten (1)

Beispiele für Messgrößen sind:
- Durchlaufzeit (Lead Time)
- Vollständigkeitsgrad bei Lieferung
- Lagerumschlagshäufigkeit
- Erreichte Preissenkung bei Einkaufsverhandlungen
- Liefertreue
- Vollständigkeitsgrad bei Lieferung
- Lieferzeitprofil
- Anzahl Neuteile im Verhältnis zu alten Teilen
- Durchschnittlicher Auftragswert (pro Vorgang, pro Mitarbeiter)
- Anzahl Schulungstage pro Mitarbeiter (1)

Bisher wird die Prozesskostenrechnung nur wenig genutzt was auch an dem hohen Implementierungsaufwand liegen mag. (4)

Auch die Prozesskostenrechnung ist kein Allheilmittel

Kritisch anzumerken sind drei Problembereiche:
- Prämissen der Prozesskostenrechnung
- Kostenvergleich auf zwischenbetrieblicher Ebene
- Grenzen aufgrund der Struktur der verwendeten Prozessmodelle(2)

Zwar versucht die Prozesskostenrechnung als weiterentwickelte Vollkostenrechnung, die Gemeinkosten nach Inanspruchnahme der Ressourcen zu verteilen. Aufgrund der Definition des Begriffs Gemeinkosten ist eine verursachungsgerechte Schlüsselung kaum möglich. Das Hauptproblem besteht darin, dass Gemeinkosten nicht nur variable, sondern auch fixe Kostenanteile enthalten. (2)

Zu berücksichtigen ist auch, dass der leistungsmengeninduzierte Prozesskostenansatz erfahrungsgemäß nicht über mehrere Jahre hinweg konstant bleibt (z. B. in Bezug auf

Gehaltserhöhungen, Änderungen der Ablauforganisation, Automatisierung von Geschäftsprozessen), weshalb er sich lediglich für eine einjährige Kostenplanung eignet. (6)

Die Prozesskostenrechung ist wie alle anderen Kostenrechnungssysteme letztlich kein geschlossenes System, welches vollständig alle kausalen Zusammenhänge zwischen Kosteneinflussfaktoren und Ressourcenverbrauch widerspiegelt. (6)

Fallbeispiele

Im Rahmen des Fuhrparkmanagements und von Logistikleistungen kann es nicht die Aufgabe sein, neue Vergütungsformen durch ein komplizierendes Kostenrechnungssystem wie die Prozesskostenrechung einzuführen, sondern es muss die Auslastung des Fuhrparks optimiert werden. Die Einführung einer Prozesskostenrechung auf die Vergütung im Nahverkehr überspannt den Bogen. (7)

Ein mittelständischer Produktionsbetrieb mit etwa 70 Mitarbeitern möchte anhand der Prozesskostenrechung insbesondere die

Vertriebsprozesse (z. B. Kundenbetreuung) untersuchen, da diese hauptsächlich an der Steigerung der Gemeinkosten beteiligt waren. Daneben interessieren auch Beschaffungsprozesse, um eine erhöhte Kostentransparenz und damit verursachugnsgerechte Gemeinkostenzuordnung der jeweiligen Bereiche zu erreichen.
Zunächst mussten die Vertriebs- und Beschaffungsprozesse den Produkten zugeordnet werden. Die Produktionskosten konnten auch weiterhin mit der mehrstufigen Deckungsbeitragsrechnung (da ein hoher Anteil an variablen direkt zurechenbaren Kosten besteht) ausreichend transparent und differenziert abgebildet werden.
Zunächst mussten die Prozesse Vertrieb und Beschaffung in Teilprozesse aufgeteilt werden und dann hinsichtlich des jeweils benötigten Zeitbedarfs geschätzt werden(Mitarbeiterschätzungen bzw. Messungen).
Danach konnten dann die Cost Driver bestimmt werden (Kostentreiber wie "Anzahl der Bestellungen").
Letztendlich wird eine verbesserte Kalkulationsgrundlage gewonnen. Für Prozesse/Tätigkeiten, die sich proportional zum Zeitaufwand entwickeln, können mengenmäßige Umlageschlüssel herangezogen werden. Schwieriger wird es dann z. B. bei der Auftragsabwicklung, die

durch den Kostentreiber "Anzahl der Aufträge" bestimmt wird. Probleme können entstehen, wenn z. B. bei einer Auftragsart "Sonderdichtungen" mehr Zeit benötigt wird, als bei einer Auftragsart "Standarddichtungen". (6)

Weiterführende Literatur

(1) Geschäftsprozesse, Teil 2: Kundenzufriedenheit, Prozessleistung, Prozessreife Messen von Prozessen aus BA Beschaffung aktuell, Heft 6, 2004, S. 42

(2) Schlüchtermann, Jörg; Völkl, Stefan, Rekonfiguration der Logistikaktivitäten in einer Supply Chain mit Hilfe der Prozesskostenrechnung Konzept und Beispielfall, Controlling, Heft 7/2004, S. 395-392
aus BA Beschaffung aktuell, Heft 6, 2004, S. 42

(3) Budgetierung: Die Evolution ist machbar
aus Frankfurter Allgemeine Zeitung, 14.06.2004, Nr. 135, S. 26

(4) Prozesskostenrechnung - Gerechte Rechnung
aus LOGISTIK HEUTE, Heft 7-8/2004, S. 30

(5) Praxishinweise zur Einführung eines Leistungsverrechnungssystems für IT-Dienste
aus Bilanzbuchhalter und Controller, Heft 07/2004, S. 162

(6) Praxisbeispiel zur Einrichtung einer Prozesskostenrechnung
aus Bilanzbuchhalter und Controller, Heft 08/2004, S. 185

(7) Einfache Methoden waehlen
aus DVZ, Nr. 095 vom 12.08.2004

Impressum

Prozesskostenrechnung - die Antwort des Controllers auf den gestiegenen Gemeinkostenanteil

Bibliografische Information der deutschen Nationalbibliothek

Die Deutsche Nationalbibliothek verzeichnet diese Publikation in der deutschen Nationalbibliografie; detaillierte bibliografische Daten sind im Internet über http://dnb.d-nb.de abrufbar.

ISBN: 978-3-7379-0014-0

© 2015 GBI-Genios Deutsche Wirtschaftsdatenbank GmbH, Freischützstraße 96, 81927 München, www.genios.de

Alle Rechte vorbehalten. Dieses Werk ist einschließlich aller seiner Teile – z.B. Texte, Tabellen und Grafiken - urheberrechtlich geschützt. Jede Verwertung außerhalb der Grenzen des Urheberrechtsgesetzes bedarf der vorherigen Zustimmung des Verlags. Dies gilt insbesondere auch für auszugsweise Nachdrucke, fotomechanische

Vervielfältigungen (Fotokopie/Mikroskopie), Übersetzungen, Auswertungen durch Datenbanken oder ähnliche Einrichtungen und die Einspeicherung und Verarbeitung in elektronischen Systemen.